Sommario

Introduzione 4

Capitolo 1 – Betting Exchange: cosa è e quali sono le sue principali caratteristiche 8

   1.1 – La storia del Betting Exchange 10

      1.1.1 – Il Betting Exchange in Italia 11

   1.2 – Il metodo Punta e Banca 13

      1.2.1 – La sfida con gli altri scommettitori 18

   1.3 – Cosa significa bancare le scommesse .. 20

Capitolo 2 – Iniziare con il metodo Punta e Banca 26

   2.1 – Quali soggetti entrano in gioco nel Betting Exchange 29

   2.2 – Multiple o singole: cosa cambia rispetto alle scommesse tradizionali 31

      2.2.1 – Le coperture nel Betting Exchange 33

2.3 – I margini di profitto: la rivoluzione del Punta e Banca 40

2.4 – Per avere successo nel Betting Exchange è necessario studiare 43

Capitolo 3 – I vantaggi e gli svantaggi del Betting Exchange 48

3.1 – Il metodo Punta e Banca ti consente di bancare le scommesse..................................49

3.2 – Le quote del Betting Exchange sono decisamente più alte rispetto a quelle del Betting tradizionale.......................................50

3.3 – Le commissioni vengono versate solamente dai vincitori 52

3.4 – Cedere le scommesse aperte: bet e trading si fondono..54

3.5 – Coprire le scommesse è molto più semplice con il metodo Punta e Banca 57

3.6 – Gli svantaggi del Betting Exchange 59

Capitolo 4 – Scegliere le proprie scommesse ..63

4.1 – Bancare sulla quota più bassa è utile? 71

   4.1.1 – Abbinamento in live e abbinamento parziale 76

4.2 – La tecnica dello Scalping: posizione e tick 79

   4.2.1 – Da Punta a Banca 86

   4.2.2 – Da Banca a Punta 88

   4.2.3 – Guadagno netto dallo Scalping 89

   4.2.4 – Vantaggi e svantaggi dello Scalping 92

4.3 – Lo studio nel Betting Exchange: il Trading Prematch 94

   4.3.1 – Quali sono i vantaggi e gli svantaggi del Trading Prematch 100

Conclusioni 106

Introduzione

Per anni ogni scommettitore ha sognato di occupare il ruolo che da sempre ha garantito un introito maggiore di denaro, ossia quello dell'allibratore, svolto nel tradizionale Betting dai singoli bookmakers.

Le piattaforme online e le applicazioni di Betting tradizionali offrono a tutti gli iscritti la possibilità di puntare una scommessa sulla base di una quota proposta dal bookmakers, che naturalmente non può essere variata dai puntatori. Proprio grazie al Betting Exchange però questa modalità viene completamente stravolta. Nel cosiddetto Punta e Banca, infatti, gli utenti possono rivestire il ruolo di banco, creando una propria proposta, che naturalmente deve essere adeguata, sulla base della quale gli altri scommettitori decideranno se scommettere o meno.

In questo modo viene rivoluzionato e riformato ogni singolo rapporto, che normalmente si svolgeva tra bookmakers e scommettitore, in quanto vengono introdotti nuovi protagonisti e nuove modalità di giocata.

Solamente con l'esperienza e l'analisi approfondita dei casi statistici e sportivi è possibile attuare una strategia ludica che consenta di ottenere guadagni costanti nel breve tempo. Le vincite nel Betting Exchange hanno infatti una caratteristica davvero unica: esse possono essere certe e sicure, ma in questo caso sono generalmente di basso valore. Per questo motivo il Betting Exchange, all'interno del quale è possibile giocare mediante la tecnica dello Scalping e quella del Trading, richiede un impegno costante, tradotto in un dispendio di tempo e denaro, utilizzato per effettuare i propri investimenti.

Come in ogni altro ambito che prevede la messa sul piatto di un importo in denaro, anche nel Betting Exchange è richiesta la piena responsabilità nell'utilizzo del proprio denaro da parte di ciascun utente, in quanto il Punta e Banca consente di ottenere buoni profitti ma anche ingenti perdite. È pertanto importante non esagerare mai con le puntate e scommettere, quindi, secondo le proprie possibilità.

Capitolo 1 – Betting Exchange: cosa è e quali sono le sue principali caratteristiche

Il Betting Exchange è considerato un nuovo genere di scommesse che sta conquistando e coinvolgendo un numero sempre più ampio di individui. Si tratta di un metodo rivoluzionario, specialmente se confrontato con le scommesse tradizionali, che si sta lentamente diffondendo in tutto il mondo.

Ciò che attira maggiormente gli scommettitori è la possibilità di ottenere un guadagno costante, in quanto la strategia di vincita, se applicata nel modo corretto, ha probabilità di successo superiori rispetto a quelle relative alle scommesse online classiche.

Pur essendo disponibile solamente di recente, il Betting Exchange sta attirando negli ultimi anni un numero sempre maggiore di utenti, affascinati e convinti da questo nuovo metodo che consente di ottenere vincite sicure, a prescindere dall'andamento dei singoli eventi sportivi sui quali si è deciso di scommettere.

1.1 – La storia del Betting Exchange

Il Betting Exchange nasce nel 2001 quando una delle società di scommesse più note al mondo, ossia Betfair, decise di unirsi alla piattaforma Flutter, dando vita ad un nuovo sistema di scommesse. All'inizio dell'anno successivo Flutter chiuse definitivamente i battenti, e da allora Betfair divenne leader incontrastato del Betting Exchange.

Nel corso degli anni, il Betting Exchange è divenuto legale in un numero di Stati sempre maggiore, diffondendosi sempre più e diventando una pratica di utilizzo comune in questo ambito.

Il metodo di giocata è noto all'estero come Back and Lay. L'idea è in linea generale quella di scambiare le puntate con gli altri utenti, in una piattaforma che consente di interagire con soggetti di tutto il mondo.

1.1.1 – Il Betting Exchange in Italia

In Italia il fenomeno relativo al Betting Exchange è sbarcato solamente di recente. Infatti fino al 2014 non era presente una normativa nazionale che consentisse agli utenti di partecipare a questo genere di scommesse.

A partire dal 7 aprile 2014 dunque è possibile considerare ufficialmente iniziata l'era del Betting Exchange in Italia. Il Back and Lay viene tradotto con la formula Punta e Banca, e ha conquistato milioni di utenti.

In tanti tendono però a confondere il Punta e Banca del Betting Exchange con il Punto Banco: in realtà il primo è un tipo di giocata che rientra nell'ambito delle scommesse online, mentre il secondo è una formula utilizzata all'interno dei casinò e rappresenta una variante del ben più noto baccarà.

1.2 – Il metodo Punta e Banca

Ma in definitiva, come funziona esattamente il metodo Punta e Banca?

Ciò che il Betting Exchange è riuscito a fare è capovolgere il normale rapporto tra allibratore e scommettitore, naturalmente il primo nel ruolo del banco e il secondo nel ruolo dell'investitore.

In questo metodo lo scommettitore infatti può assumere il ruolo normalmente svolto dall'allibratore, fungendo da banco per la giocata. Dunque lo scommettitore può individuare un determinato evento sportivo, generalmente di tipo calcistico ma anche relativo a partite, corse o gare riguardanti altri sport, e proporre una quota che ad egli pare appropriata. Una volta stabilito il banco, lo stesso scommettitore dovrà proporre una determinata quota per quel tipo di giocata. Questa puntata viene chiamata nel Betting Exchange "bancata".

Una volta formato il banco e messa sul piatto la bancata, gli altri utenti, questa volta nel loro naturale ruolo di scommettitori, decideranno se piazzare o meno la loro scommessa. Naturalmente le eventuali scommesse di questi ultimi andranno a sommarsi alla bancata.

Esiste però anche un'altra tipologia di funzionamento del Punta e Banca. Si tratta di un sistema a due che ha inizio nello stesso modo del precedente metodo: un soggetto decide di fungere da banco e piazza la propria scommessa, in attesa che un altro scommettitore decida di piazzare una scommessa opposta rispetto alla sua. Una volta terminato l'evento sportivo sul quale si è puntato, l'intero jackpot, formato dalle quote dei due utenti, verrà accreditato su colui che vinto la scommessa.

La disciplina italiana prevede alcune norme che regolarizzano il rapporto tra scommettitori. Innanzitutto all'interno del

Betting Exchange non è possibile effettuare scommesse multiple, né tantomeno implementare un piano strategico in stile sistema. La puntata minima nel Punta e Banca è di due euro, mentre la vincita massima non può eccedere la soglia dei 10mila euro. Infine la normativa ha previsto che la percentuale massima relativa alle commissioni è fissata sui 10 punti percentuali.

Per entrare pienamente nel concetto di Betting Exchange sono necessari alcuni esempi che saranno illustrati nei paragrafi successivi. È comunque fondamentale intuire quale sia il potenziale presente in questa modalità di Betting. Sostituirsi agli allibratori è infatti un'opportunità unica, sia per gli utenti che intendono fungere da banco che per i normali scommettitori, o per meglio dire puntatori. Per i primi infatti diventa possibile modificare le quote proposte dai tradizionali bookmakers, al fine di trovare un abbinamento con uno o più scommettitori che accettano di puntare sulla quota offerta. Per i secondi, invece, il vantaggio è offerto dalla gara concorrenziale che si instaura tra i vari utenti-banco, che offrono quote sempre più alte al fine di accaparrarsi il maggior numero di puntatori.

1.2.1 – La sfida con gli altri scommettitori

La rivoluzione implicita al Betting Exchange risiede proprio nella possibilità di estraniare gli allibratori da questo genere di rapporti. È infatti uno stesso scommettitore a ricoprire contemporaneamente la veste di banco e di puntatore, generando così una propria quota sulla quale gli altri utenti possono decidere se scommettere o meno.

Il soggetto che funge da banco non conoscerà mai l'identità del soggetto che piazza la propria scommessa, e viceversa. In questo modo il sistema garantisce il rispetto di tutte le normative in materia di privacy che caratterizzano la legislazione nazionale e quella internazionale.

Proprio per questo motivo in Italia il Betting Exchange si è affermato piuttosto tardi rispetto agli altri Paesi europei e mondiali. È stato necessario, infatti, emanare una normativa ad hoc che disciplinasse il rapporto diretto che si instaura tra semplici scommettitori. Tale disciplina è ad oggi compresa nel decreto legge n. 47 del 2013.

L'intero metodo di giocata si basa dunque sull'abbinamento di una quota proposta dal banco e sull'accettazione di tale quota da parte di uno o più puntatori. Se gli scommettitori non dovessero accettare la proposta, e dunque il banco non viene abbinato, allora la scommessa sarà ritenuta invalidata, e l'utente-banco potrà recuperare la somma precedentemente messa sul piatto.

1.3 – Cosa significa bancare le scommesse

La caratteristica principale del Betting Exchange risiede dunque nella possibilità in capo a ciascun scommettitore di bancare le scommesse.

Ma cosa si intende effettivamente con questo termine? Lo scommettitore che intende bancare una scommessa dovrà pronosticare ciò che non accadrà nell'ambito di un determinato evento sportivo.

Ad esempio, nella partita più importante del campionato spagnolo di calcio, ossia quella tra Real Madrid e Barcellona, bancare il Real Madrid significa pronosticare che questa squadra non sarà la vincente della partita. Se dunque il Real Madrid pareggerà o perderà il soggetto che ha deciso di bancare in questo modo avrà vinto la propria scommessa.

Inoltre all'utente che intende bancare la scommessa è richiesta anche la quota riferibile alla giocata e l'importo che si intende puntare. Sulla base della scelta effettuata su queste due variabili, il rischio aumenta o diminuisce, così come l'importo finale della possibile vincita.

I motivi per i quali assumere il ruolo del banco sono diversi. Innanzitutto molti scommettitori sono entrati nell'ottica che sia più semplice capire ciò che non accadrà piuttosto che pronosticare quello che succederà. Questo ragionamento è molto più adatto ad una corsa di cavalli piuttosto che ad una partita di calcio: individuare il cavallo non vincente in una gara ippica è più semplice che individuare il cavallo che andrà a vincere la corsa. Questo non sempre è vero, ma la statistica e il calcolo probabilistico in questo caso stanno dalla parte del banco.

Un secondo motivo secondo il quale vale la pena bancare piuttosto che scommettere fa riferimento alle quote proposte dai bookmakers. Queste talvolta possono essere considerate eccessivamente esigue, pertanto un utente decide di bancare in modo tale da incrementare la singola quota e creare una nuova possibilità di scommessa anche per gli altri utenti.

Infine molti scommettitori applicano una tecnica particolare: essi bancano una scommessa prima dell'inizio dell'evento sportivo e assumono la veste di scommettitore tradizionale in live, puntando su di essa. Quest'ultima metodologia di scommessa all'interno del sistema del Betting Exchange è nota come Trading e viene applicata con una frequenza sempre maggiore dagli utenti.

Le piattaforme di scommesse che consentono di effettuare scommesse di questo genere offrono al soggetto che intende assumere il ruolo di banco la possibilità di stabilire alcuni parametri. Innanzitutto egli dovrà impostare l'importo massimo di denaro che andrà a perdere nel caso in cui il pronostico non si riveli corretto, al quale si dovrà aggiungere l'importo messo sul piatto a titolo di bancata. Inoltre, il banco dovrà stabilire se la sua offerta dovrà essere rivolta ad un solo scommettitore oppure a più scommettitori. Queste scelte influenzeranno l'importo dell'eventuale vincita, per il banco o per gli scommettitori, una volta terminato l'evento sportivo.

Capitolo 2 – Iniziare con il metodo Punta e Banca

Una volta acquisite le nozioni che stanno alla base del Betting Exchange è possibile proseguire al fine di migliorare e incrementare queste conoscenze.

Entrando in un sito, come ad esempio Betfair, che consente di mettere in pratica questo genere di strategia alternativa rispetto alle scommesse tradizionali, si accede ad una schermata che per gli scommettitori novelli in questo campo può apparire un po' complicata da comprendere, perlomeno a primo impatto.

Generalmente con il colore rosa viene identificata la sezione relativa al pronostico realizzato come Banca, mentre con il colore blu viene identificata la sezione per coloro che intendono partecipare alla scommessa in qualità di Punta.

Naturalmente, come per qualsiasi altra interfaccia proposta dai bookmakers, con il tempo e la dedizione si assumerà una competenza sempre maggiore in questo ambito e tutti i dubbi andranno gradualmente a essere risolti.

È comunque errato pensare che uno scommettitore per accedere nell'ambito del Betting Exchange debba prima maturare una certa esperienza nel campo delle scommesse tradizionali. Si tratta infatti di due mondi completamente differenti, accomunati esclusivamente dalla possibilità di scommettere sui medesimi eventi sportivi. Questo non significa che il Betting

Exchange non necessiti di un periodo di apprendimento piuttosto lungo e forse persino maggiore rispetto a quello richiesto dal Betting tradizionale. Solamente dopo un determinato periodo di utilizzo, infatti, un soggetto può definirsi conoscitore del Betting Exchange, e il periodo di apprendimento può variare da utente a utente.

2.1 – Quali soggetti entrano in gioco nel Betting Exchange

Al contrario di ciò che si potrebbe pensare dopo un primo approccio al Betting

Exchange, i soggetti che entrano in gioco all'interno di questa metodologia di scommessa sono tre.

Infatti oltre ai due utenti, il primo dei quali assume il ruolo di Banca e il secondo che invece si identifica come Punta, è da considerare come soggetto attivo anche il bookmaker, che offre la propria piattaforma e una sezione del proprio sito web per coloro che intendono piazzare questo genere di giocate.

Questa caratteristica distingue ulteriormente il Betting Exchange dalle scommesse tradizionali. In queste ultime infatti era possibile identificare solamente due soggetti attivi all'interno del rapporto aleatorio: nella figura del bookmaker, infatti, si identifica anche il ruolo della Banca. La conseguenza è che il rapporto nelle scommesse tradizionali identifica esclusivamente due soggetti, il bookmaker, che propone le quote per singolo evento sportivo, e lo scommettitore, che deve pronosticare l'andamento dell'evento facendolo conciliare con la propria propensione al rischio e con le quote presenti sulla piattaforma del bookmaker.

2.2 – Multiple o singole: cosa cambia rispetto alle scommesse tradizionali

Come già accennato in precedenza, il Betting Exchange non consente di effettuare scommesse che prevedono il pronostico di più eventi, ma permettono la puntata solamente sulle scommesse cosiddette "singole".

In questo senso vengono escluse dal campo del Betting Exchange tutte le multiple e tutti i sistemi. Applicare questo genere di giocate al Betting Exchange non avrebbe infatti senso: non solo si incrementerebbe in modo eccessivo il rischio assunto dal banco, ma si andrebbe a vanificare tutti i vantaggi offerti dal Trading.

Dunque il Betting Exchange non si addice agli scommettitori che abitualmente effettuano puntate su schedine multiple o che realizzano una serie di giocate all'interno di un sistema. Essi infatti si troveranno inevitabilmente in difficoltà con questo genere di giocate e non riuscirebbero a sfruttare a pieno i punti favorevoli del Betting Exchange.

2.2.1 – Le coperture nel Betting Exchange

Probabilmente il punto più forte e apprezzato dagli utenti di tutto il sistema Betting Exchange è il Trading. Al fine di ottimizzare le probabilità di ottenere una vincita o comunque di ridurre le perdite, è stato ideato un sistema che consente di scambiare le giocate aperte, proprio come avviene all'interno di un mercato azionario.

A seconda dell'andamento dell'evento sportivo, infatti, il valore della giocata potrebbe subire delle oscillazioni, sia in calo che al rialzo. Naturalmente la quota sale nel momento in cui il pronostico si stia rivelando sbagliato e scende nel caso contrario: nel primo caso però la possibilità di incorrere nel rischio massimo, ossia nella perdita totale del budget stanziato, è molto alta.

In questa situazione gli scommettitori, sia coloro che rivestono il ruolo di banco che i puntatori, possono scambiare le giocate con altri utenti, "vendendo" la propria puntata ad un valore più basso rispetto all'intero importo inizialmente messo sul piatto. In questo modo si avrà un rientro parziale della giocata e si limiteranno i danni dovuti all'errore commesso nella fase di formulazione del pronostico.

Proprio grazie a questa possibilità il Betting Exchange ha assunto questo nome: la traduzione dall'inglese è infatti "scambiare scommesse", ed è proprio quello che avviene durante la fase di Trading.

Nelle scommesse classiche, la copertura può essere realizzata solamente nelle giocate multiple e nei sistemi: nel momento in cui lo scommettitore ha pronosticato correttamente l'andamento di tutti gli eventi tranne che di uno, il quale non ha ancora avuto inizio, egli potrebbe decidere di puntare una scommessa sul risultato opposto rispetto a quello inserito nella precedente giocata, in modo tale da assicurarsi una vincita.

Naturalmente una copertura di questo genere nell'ambito del Betting Exchange non è possibile. L'unica forma di copertura è rappresentata appunto dal Trading, che consente di cedere le giocate perdenti e di acquistarne delle altre che possono apparire piuttosto favorevoli. Il vantaggio principale, soprattutto se paragonato al Betting tradizionale, è la velocità con la quale è possibile effettuare strategie di copertura: il Trading è infatti un servizio praticamente immediato, e basta un semplice clic per scambiare le proprie giocate con quelli degli altri utenti, proprio come avviene nelle piattaforme dedicate allo scambio di azioni e di opzioni binarie.

È comunque importante sapere che la possibilità di svolgere Trading all'interno del Betting Exchange è dettata unicamente dalla liquidità. Con questo termine si fa riferimento alla quantità di scommettitori interessati all'evento sportivo sul quale si è puntato. La conseguenza è che se si tratta di un evento sportivo molto importante, come ad esempio un big match calcistico o una finale di NBA, allora la probabilità di riuscire a scambiare scommesse è molto alta. Viceversa se l'evento è di scarso interesse, la liquidità è generalmente molto bassa e potrebbe rivelarsi molto difficile individuare un utente che ha l'intenzione di acquistare la giocata, fallendo così il tentativo di copertura.

Essendo piuttosto recente, il Betting Exchange offre una liquidità decisamente inferiore rispetto al Betting tradizionale. Ma negli ultimi anni si è assistito ad un notevole incremento del numero di utenti, che ha consentito un maggiore scambio di scommesse e migliori possibilità di copertura. Il motivo è da identificare principalmente nella fiducia degli scommettitori: inizialmente essi mostravano diffidenza nei confronti del Betting Exchange, essendo un sistema rivoluzionario e altamente innovativo. Con il trascorrere degli anni però gli utenti si sono avvicinati sempre più a questo mondo, fino ad accettarlo completamente, diffondendolo sempre più.

Solamente in situazioni "limite" il Betting Exchange può vantare maggiore liquidità rispetto al Betting tradizionale. Generalmente queste situazioni avvengono nel momento in cui i campionati sportivi, specialmente quelli di calcio, volgono al termine, e il rischio di combine aumenta, inducendo i bookmakers tradizionali a chiudere alcune giocate. Queste però potranno essere offerte dagli utenti nel ruolo di banco nel Betting Exchange: questo scenario consente di attirare migliaia di scommettitori in questo campo.

2.3 – I margini di profitto: la rivoluzione del Punta e Banca

Il metodo Punta e Banca ha apportato una rivoluzione non solo nell'ambito concorrenziale, con il mercato del Betting Exchange che insidia quello del Betting tradizionale, ma è riuscito in parte anche a modificare il modo di pensare degli utenti.

Infatti i guadagni in questo campo non sono maggiori rispetto a quelli ottenibili scommettendo nell'ambito del Betting tradizionale, ma sono molto più frequenti. La rivoluzione risiede proprio nel fatto che ci sono probabilità decisamente maggiori nell'ottenere una vincita adottando il metodo Punta e Banca. Di conseguenza è possibile affermare che con il Betting Exchange vincere è più semplice.

Questa semplicità è dettata dal fatto che l'intera scommessa è basata sul pronostico e sull'andamento di un unico evento sportivo e, nel caso del banco, sulla previsione contraria dello stesso. In questo senso i rischi insiti alla scommessa sono decisamente inferiori e maggiormente gestibili.

Questo però non deve diventare motivo valido per esagerare con gli importi da puntare: è sempre bene ricordare che giocare responsabilmente sta alla base di qualsiasi forma di Betting. Il consiglio è di stabilire una percentuale sul budget totale che si intende scommettere e di rispettarla sempre, in modo tale da evitare di ritrovarsi in difficoltà e di vedere il proprio patrimonio monetario erodersi in maniera eccessiva.

Giocando in maniera intelligente, diventerà dunque possibile accumulare un budget sempre più alto, che volendo potrà essere riutilizzato nel campo del Betting Exchange.

2.4 – Per avere successo nel Betting Exchange è necessario studiare

Per consolidare il proprio successo, sia come banco che come semplice scommettitore, il Betting Exchange richiede uno studio approfondito degli eventi sportivi, analizzando attentamente tutte le statistiche e tutti i fattori che potrebbero in qualche modo indirizzare l'andamento della partita, della corsa o della gara.

Ad esempio in un incontro calcistico, gli utenti sono tenuti a verificare innanzitutto la forza delle singole squadre, analizzando eventuali infortuni o squalifiche e dunque le probabili formazioni, in modo tale da avere un'idea chiara del possibile andamento dell'evento. A questo si aggiunge un esame delle condizioni fisiche e psicologiche dei singoli giocatori e dell'intera squadra: una formazione ben costruita, senza infortuni e squalifiche di giocatori chiave e che ha intrapreso una serie di vittorie nelle ultime partite ha maggiori probabilità di vincere rispetto ad una squadra falcidiata da infortuni e che non riesce a ottenere una continuità nei risultati, anche se magari quest'ultima è sulla carta più forte.

Il calcio è talvolta imprevedibile, spesso e in qualsiasi campionato si vedono squadre che lottano per uscire dalla zona retrocessione vincere contro squadre che vogliono conquistare il titolo. Anche osservare l'esito dei precedenti incontri tra le due squadre potrebbe fornire ulteriori elementi di analisi, che potrebbero aiutare l'utente a formulare il pronostico corretto in relazione all'evento in questione.

Per questo il compito dello scommettitore non è affatto semplice e richiede tanto tempo e molto impegno. Piazzare una scommessa senza aver svolto le analisi e le verifiche necessarie non fa altro che aumentare il rischio, riducendo naturalmente le probabilità di ottenere un profitto.

Il compito dell'utente, sia esso banco sia autore della puntata, è dunque quello di ottimizzare le probabilità di pronosticare correttamente l'esito dell'evento sportivo e per farlo è necessario mettere in pratica tutto ciò che è possibile, minimizzando i rischi attraverso lo studio e l'analisi.

Capitolo 3 – I vantaggi e gli svantaggi del Betting Exchange

Come già accennato in precedenza, il Betting Exchange ha dei lati positivi e alcuni elementi di svantaggio nei confronti dei singoli utenti. È dunque importante capire quali siano effettivamente tutti gli svantaggi del Punta e Banca in modo tale da tentare di porre rimedio ad essi o di minimizzarli, sfruttando del resto tutti i vantaggi che questa metodologia ha da offrire.

Specialmente all'estero gli utenti sono oramai consapevoli di ciò che il Betting Exchange consente di raggiungere, mentre in Italia si è ancora in una fase di attesa.

3.1 – Il metodo Punta e Banca ti consente di bancare le scommesse

Il primo vero vantaggio del Betting Exchange è rappresentato dalla possibilità di bancare le proprie scommesse. Questo è infatti un metodo del tutto innovativo che nessun'altra piattaforma di Betting ti consente di fare. In questo modo l'utente può addirittura sostituirsi ai bookmakers e svolgere le medesime funzioni che svolgono questi ultimi.

Naturalmente per svolgere questo ruolo con buoni risultati è necessario maturare una certa esperienza in questo campo. Il lavoro che si cela dietro al ruolo del bookmaker è infatti un'analisi approfondita di tutte le statistiche e di tutte le variabili che entrano in gioco e che influenzano l'andamento di un evento sportivo.

3.2 – Le quote del Betting Exchange sono decisamente più alte rispetto a quelle del Betting tradizionale

La possibilità di formulare una quotazione in relazione all'esito di un determinato evento sportivo ha permesso che si venisse a creare una situazione vantaggiosa per gli utenti: infatti le quote riferite alla medesima partita, gara o corsa sono generalmente più alte nel Betting Exchange rispetto a quelle offerte dai bookmakers nel Betting tradizionale.

Naturalmente uno scommettitore che intende piazzare la propria puntata all'interno del sistema di Betting Exchange può trovare una serie di quote, tutte tra loro differenti, che si riferiscono al medesimo evento sportivo. Egli può dunque scegliere la quota più alta, che gli garantisce, nel caso in cui la scommessa si riveli vincente, un introito maggiore.

3.3 – Le commissioni vengono versate solamente dai vincitori

Un ulteriore vantaggio è rappresentato dal fatto che le commissioni non concorrono a formare l'ammontare della quota. Dunque nel momento in cui il banco sceglie quale quota offrire agli scommettitori non deve tenere conto delle commissioni.

Nel Betting Exchange, infatti, le commissioni verranno versate, una volta concluso l'evento sportivo, solamente da coloro i quali hanno pronosticato correttamente l'esito dello stesso e hanno dunque vinto la propria scommessa. Le commissioni sono comunque minime: lo scommettitore vincente deve versare alla piattaforma sulla quale ha effettuato la propria puntata una percentuale che va dal 2 al 5 per cento da calcolare sull'importo vinto.

Sulla piattaforma Betfair, ossia sulla pagina web o sull'applicazione del bookmaker leader del mercato nel settore del Betting Exchange, la percentuale delle commissioni da girare alla società nel caso di vittoria è proprio quella del 5%.

3.4 – Cedere le scommesse aperte: bet e trading si fondono

Forse il vantaggio principale del metodo Punta e Banca è rappresentato dalla possibilità di fare trading, che è la caratteristica che consente di differenziare questo sistema da ogni altro metodo di scommesse.

Ogni scommessa aperta, infatti, può essere venduta oppure acquistata, naturalmente solamente una volta individuato un altro scommettitore che intende, rispettivamente, acquistare o vendere la giocata.

Ma come funziona effettivamente il Trading nel Betting Exchange? Si consideri ad esempio la partita di calcio tra Liverpool e Watford: la vittoria della squadra che gioca fuori casa, in questo caso il Watford, è data ad una quota pari a 9, naturalmente prima che il match abbia inizio. Si ponga il caso che il match rimanga sul risultato di 0 a 0 fino al 70esimo minuto, quando il Watford, contro ogni pronostico, passa in vantaggio. L'utente che ha scommesso per la vittoria del Watford può a questo punto decidere di vendere la propria giocata: nella modalità live la quota dovrebbe scendere fino a 2.5, generando una differenza di 7.5 punti rispetto alla quota iniziale. Vendendo la scommessa l'utente si garantisce una vincita parziale, basata proprio su questa differenza di quota, ma non incorre nel rischio di veder vanificata completamente la propria giocata, nel caso in cui il Liverpool pareggi o vinca la partita nei minuti finali del match. Trovare un acquirente in queste condizioni non dovrebbe essere difficile, anche perchè si tratta di una partita appartenente alla massima serie del campionato inglese.

Sotto questo aspetto il Betting Exchange assume le sembianze del mercato borsistico: le scommesse divengono azioni e il trader, che in questo caso è lo scommettitore, deve riuscire a sfruttare l'andamento altalenante delle partite, al fine di ottimizzare il proprio guadagno e sfruttare il vantaggio offerto da questo sistema.

3.5 – Coprire le scommesse è molto più semplice con il metodo Punta e Banca

Anche la maggiore facilità e la più alta velocità con le quali è possibile effettuare le coperture sono due vantaggi del Betting Exchange. Il Punta e Banca, infatti, consente di evitare di perdere completamente l'importo scommesso, vendendo la propria scommessa, sempre attraverso il sistema del Trading.

Se l'utente ha scommesso 100 Euro su un determinato evento sportivo, ma questo non sta andando come egli aveva previsto, allora può tentare di individuare un altro scommettitore che acquisti la giocata per un importo, ad esempio, di 70 Euro. In questo modo l'utente perderà solamente 30 Euro e riuscirà a recuperare parte dell'investimento effettuato. La copertura è una tecnica che si affina con l'esperienza. Inizialmente gli utenti sono infatti meno propensi ad effettuare giocate di copertura, proprio perché incapaci di padroneggiare pienamente la modalità di svolgimento dell'operazione. Man mano che l'esperienza aumenta in questo settore, però, gli utenti si fidano sempre più nei propri mezzi e tentano di mettere in atto queste operazioni che consentono di rimediare, almeno in parte, all'errore previsionale commesso in fase di puntata o bancata.

3.6 – Gli svantaggi del Betting Exchange

Naturalmente, il Betting Exchange ha anche dei punti sfavorevoli, dei quali l'utente dovrà necessariamente tenere conto.

Il primo svantaggio è stato già precedentemente descritto, e corrisponde all'impossibilità di giocare multiple o sistemi con il metodo Punta e Banca. Con il Betting Exchange è infatti possibile scommettere solamente sulle cosiddette singole. Le multiple e i sistemi non potrebbero infatti essere scambiate con altri utenti e il sistema perderebbe la sua funzione primaria.

Un altro svantaggio è rappresentato dal fatto che il sistema entra in crisi nel momento in cui viene a diminuire il numero di utenti interessati ad un determinato evento sportivo. Questo comporta la quasi impossibilità di effettuare Trading se si decide di aprire una scommessa che fa riferimento ad un evento sportivo di scarso interesse, come ad esempio un match di calcio tra squadre appartenenti a campionati minori.

L'intero sistema è per forza di cose legato a quest'ultima caratteristica, che ne determina, nel bene o nel male, il successo.

Naturalmente i vantaggi offerti dal Betting Exchange sono superiori rispetto agli svantaggi, anche se ogni utente dovrà effettuare un'analisi approfondita sulla gestione dei rischi. Come in ogni altro tipo di scommessa, infatti, il rischio di incorrere in perdite è presente e spetta allo scommettitore gestire in maniera responsabile il proprio budget, in modo tale da evitare di depauperarlo.

Capitolo 4 – Scegliere le proprie scommesse

Scommettere nel Betting Exchange non è complicato, ma richiede una certa affinità e confidenza con le varie piattaforme. La più utilizzata è sicuramente quella proposta da Betfair, che è il bookmaker leader del mercato. L'interfaccia è semplice da utilizzare, ma potrebbe essere necessaria una spiegazione per consentire la comprensione di alcuni dettagli.

Sulla parte alta della schermata Betfair è visibile l'evento sportivo sul quale si intende scommettere, con la visuale pre-match, quella live e con le statistiche relative alla partita analizzata. Subito al di sotto è possibile osservare due sezioni: per accedere alla prima basterà apporre il flag sulla dicitura "Punta e Banca", che consente di bancare le scommesse, mentre per osservare la seconda sezione basterà mettere il flag sulla casella relativa alla "Profondità mercato". Quest'ultima sezione è dedicata invece alle classiche puntate.

Nei match calcistici le scelte sono solamente tre: vittoria della squadra che gioca in casa, vittoria della squadra ospite o pareggio. Le tre possibilità sono indicate in tre differenti righe e per ciascuna riga sono presenti tre colonne. Infatti per la stessa giocata sono presenti più quote, messe a disposizione da banchi differenti, disposte in ordine crescente. La colonna delle quote più alte è diversificata da un colore più scuro rispetto a quello presente nelle colonne delle quote più basse. Le quote presenti nelle colonne non solo altro che le proposte effettuate dagli utenti che hanno deciso di bancare quel determinato evento sportivo.

Poco al di sotto del numero che indica la quota, all'interno della stessa cella di quest'ultima, è indicato con un carattere leggermente più piccolo l'ammontare della liquidità. Questa indica quale sia il volume, espresso in Euro o in Dollari, delle scommesse effettuate dai vari utenti. In questo modo l'utente che sta studiando la propria giocata ha un'idea chiara di quale sia il pensiero degli altri scommettitori. In alto a destra è inoltre visibile il totale degli importi puntati dagli utenti sull'evento sportivo analizzato, e dunque il grado di liquidità generico del match.

Nel momento in cui l'utente decide di scommettere, ad esempio, sulla vittoria della squadra che gioca in casa, il sistema prenderà in considerazione, in automatico, la quota più alta disponibile. Una volta che l'utente ha assunto la giusta dose di confidenza con questa interfaccia, per lui puntare la propria scommessa non sarà complicato e in realtà le modalità che portano a giocare l'evento secondo le proprie convinzioni non si differenziano da quelle presenti nelle piattaforme classiche del Betting.

Mettendo il flag anche sulla dicitura Punta e Banca si apre alla possibilità di bancare le scommesse relativamente all'esito di un evento sportivo. Alla tabella precedentemente presente, ossia quella che consente di puntare la scommessa, si affianca una nuova tabella che mostra le quote della modalità Banca. L'andamento delle quote è sempre in senso crescente, ma l'offerta più vantaggiosa per l'utente questa volta è rappresentata dalla quota più bassa. Se si decide di bancare la squadra di casa, ossia si sostiene che quest'ultima non sarà la vincitrice del match, basterà cliccare sulla tabella, nella colonna contraddistinta dal colore rosa.

Immediatamente si aprirà un'ulteriore finestra. Una scritta nella parte inferiore dell'interfaccia ricorderà all'utente che bancare una scommessa significa ipotizzare che la squadra sulla quale si sta bancando non sarà la vincitrice del match. In questa nuova interfaccia bisognerà indicare l'importo che si desidera vincere, sotto il campo "Scommessa di Punta". Alla destra di questo campo apparirà l'importo di responsabilità, ossia l'ammontare necessario per poter portare avanti la scommessa. Se la quota del banco è pari a 1.73 e l'utente intende vincere 30 Euro, l'importo di responsabilità sarà pari a 21,90 Euro. Questo significa che se la squadra di casa non dovesse vincere, l'utente andrà a vincere la propria scommessa, incassando 30 Euro; viceversa se l'esito del match sarà differente rispetto a quanto pronosticato dall'utente e la squadra di casa riuscirà a vincere il match, allora l'utente perderà un ammontare pari all'importo di responsabilità, ossia 21,90 Euro.

L'obiettivo del banco è quello di riuscire a minimizzare l'importo di responsabilità. Questo può avvenire abbassando il valore della quota, e proprio per questo motivo è vantaggioso per il banco cliccare sulle quote più basse. Quindi se per lo stesso evento l'utente decide di impostare una quota di 1.50 anziché 1.73, come ipotizzato nell'esempio precedente, mantenendo ferma la propria volontà sull'importo che si intende vincere, ossia 30 Euro, l'importo di responsabilità scenderà ad un valore di 15 Euro. Questo è dovuto al fatto che riducendo la quota l'utente modifica la percentuale di rischio, abbassandola notevolmente.

4.1 – Bancare sulla quota più bassa è utile?

In linea di logica, per un utente che intende assumere il ruolo di banco, più è bassa la quota e minore è l'importo che si rischia di perdere. Dunque perché non bancare la propria scommessa ad una quota molto bassa? La risposta a questa domanda è data dal meccanismo di funzionamento del Betting Exchange. Infatti per ciascun evento sportivo si attiva una strategia concorrenziale di utenti per accapparrarsi i puntatori. Ad esempio, se si decide di bancare ad una quota di 1.50 è molto probabile che un altro scommettitore aumenti la propria offerta almeno a 1.60: tutti gli utenti punteranno su quest'ultima quota e l'offerta del primo utente non riuscirà a trovare un abbinamento. Se nessun utente punta almeno una scommessa sul banco proposto, allora la scommessa sarà annullata: ciò significa che non ci saranno né importi vinti né importi persi, proprio come se l'offerta non fosse mai partita.

Dunque maggiore è il numero di utenti-banco che intendono bancare su un evento sportivo e più alte saranno le quote a disposizione dei puntatori.

Dunque un utente che intende diventare banco, deve osservare la liquidità presente all'interno di un evento sportivo, riportata sempre nella tabella nella modalità Punta e Banca. Se la liquidità, ossia il numero espresso in Euro presente al di sotto delle quote già offerte, è molto alto, allora, offrendo una quota pari alla al valore con maggiore liquidità, la probabilità che la scommessa rimanga non abbinata è molto bassa. Se invece si decide di mettere una quota inferiore a quella più alta, nel momento in cui si decide di bancare, l'ipotesi che si realizzi un annullamento della scommessa è molto alta: infatti, pur essendoci indicata una liquidità, il sistema del Betting Exchange associa in automatico al puntatore la quota più alta. Ciò significa che il banco per avere liquidità dovrà per forza di cose pareggiare la quota più alta, oppure addirittura proporre una quota ancora superiore rispetto ad essa, in modo tale da attirare sempre più puntatori, ma allo stesso tempo aumentando anche il rischio e l'importo di responsabilità.

In poche parole, all'interno del Punta e Banca le quote derivano da un processo di libera concorrenza tra utenti-banco. L'ideale per tutti sarebbe lasciare una quota relativamente bassa, spartendosi la liquidità. In realtà, però, ci sarà sempre qualcuno intenzionato ad offrire una quota più alta nel tentativo di accaparrarsi l'intera liquidità del mercato. Inizia così un gioco al rialzo, in stile asta, che spinge i banchi ad alzare sempre più le loro quote, giovando in questo modo più i puntatori che sé stessi.

4.1.1 – Abbinamento in live e abbinamento parziale

Nel Betting Exchange è possibile anche che accada che una scommessa che inizialmente non ha trovato alcun abbinamento venga abbinata successivamente, ossia nel momento in cui l'evento è in pieno svolgimento.

Si supponga ad esempio di voler effettuare la propria bancata sulla partita tra Manchester United e Liverpool. Inizialmente si è deciso di fissare ad 1.50 la quota della bancata nei confronti della squadra di casa, supponendo dunque che il Manchester United non sia in grado di vincere il match. Il gioco al rialzo ha portato gli altri utenti ad alzare la quota della banca ad un livello superiore, e in questo modo la propria proposta è rimasta senza un abbinamento.

Durante lo svolgimento del match però un'espulsione nelle file del Liverpool genera un calo improvviso delle quote: in questo momento diventa probabile che la proposta effettuata in precedenza venga abbinata. Questo meccanismo rientra nel concetto di Trading sportivo e verrà approfondito nei paragrafi successivi.

Esiste invece un caso che genera un abbinamento parziale della propria proposta. Si consideri il caso in cui la quota del banco viene fissata a 1.73, ma la liquidità, rappresentata dal numero espresso in Euro presente all'interno della stessa cella nella quale viene indicata la quota, sia di soli 15 Euro, con l'importo di responsabilità fissato a 21,90 Euro. In questo caso l'importo di responsabilità sarà abbinato solamente per 15 Euro, mentre i restanti 6,90 Euro rimarranno sospesi in attesa di trovare abbinamento. Anche in questo caso è possibile che l'abbinamento si completi durante la fase live, oppure che la scommessa rimanga parzialmente abbinata fino al termine del match. Generalmente casi di questo genere si verificano quando l'importo di responsabilità è molto alto, mentre è molto più raro che si verifichino per cifre relativamente basse.

4.2 – La tecnica dello Scalping: posizione e tick

Lo Scalping è la strategia finalizzata ad ottenere un profitto probabilmente più utilizzata all'interno del Betting Exchange. In linea generale mediante la tecnica dello

Scalping gli utenti tentano di ottenere successo agendo su piccoli movimenti e sfruttando tutte le oscillazioni delle quote presenti sul mercato. Generalmente questo termine viene utilizzato all'interno dei mercati finanziari, ma si adatta perfettamente anche al Betting Exchange.

Come detto in precedenza infatti il Betting Exchange possiede molte caratteristiche che lo accomunano al mondo del trading finanziario e proprio per questo motivo viene definito come la Borsa delle scommesse. La possibilità che offre il Punta e Banca di mettere in relazione in maniera diretta offerta e domanda del mercato, permette di movimentare costantemente le quote offerte dagli utenti. Tutti questi movimenti consentono di ottenere un profitto, che si genera in due differenti modalità, note come posizione e tick.

Qualsiasi giocata effettuata dagli utenti prende il nome di posizione, sia che sia effettuata in modalità di Punta o Back, sia che sia effettuata in modalità di Banca o Lay. La posizione coincide esattamente con il valore della quota alla quale si intende scommettere. Il valore della quota varia a seconda che l'utente intenda aprire una posizione nella sezione Punta o nella sezione Banca, ma è suscettibile anche nei confronti di altri elementi. Innanzitutto, in un match calcistico, la posizione varia se la squadra sulla quale si intende scommettere gioca il match nel proprio stadio oppure come ospite, se essa sta attraversando o meno un periodo particolare di forma, se la squadra occupa una buona posizione in classifica e se i precedenti tra le due squadre sono a favore o meno del team da bancare o da puntare.

Con il termine tick invece si fa riferimento ad ogni singola variazione di quota di un solo centesimo. Ad esempio se la quota passa da 2.00 a 2.01 allora significa che sulla quota si è verificato un tick di rialzo;

viceversa se la quota passa dal valore di 2.01 a quello di 2.00 allora il tick si dice di ribasso.

Il trading nel Betting Exchange si focalizza proprio sulla variazione dei singoli tick e tenta di sfruttare le oscillazione che una quota compie per ottenere dei vantaggi in termini di guadagno, proprio come avviene nel mondo del trading finanziario e in particolare in quello azionario. Le quote sono dunque viste dagli utenti e dagli scommettitori come delle vere e proprie azioni e la loro posizione viene associata al valore che assumono i vari i titoli all'interno della Borsa.

Ogni azione nel mercato degli strumenti finanziari può essere acquistata ad un valore basso e rivenduta in un futuro più o meno breve quando lo stesso prodotto ha assunto un valore più alto, generando così una differenza, ottenuta sottraendo dal prezzo di vendita il costo di acquisto, che corrisponde proprio al guadagno per il trader. Lo stesso può avvenire all'interno della piattaforma di Betfair per lo svolgimento del Betting Exchange. Un utente può acquistare e vendere posizioni al fine di creare una differenza di quota che corrisponda ad un guadagno pulito. L'unica differenza è che in questo caso il termine finale per il trading corrisponde con la conclusione dell'evento sportivo, e dunque lo scambio di posizione non può perdurare nel lungo termine. Questa differenza tra Betting Exchange e trading finanziario assume anche un secondo significato: il profitto è generalmente più basso nel mondo del Punta e Banca rispetto a quello degli strumenti finanziari proprio perché lo scambio di posizioni non può protrarsi oltre la fine dell'evento.

Esistono due differenti metodi per svolgere trading attraverso le oscillazioni in termini di tick delle quote dei singoli eventi sportivi sui quali scommettere: quello da Punta a Banca e quello da Banca a Punta.

4.2.1 – Da Punta a Banca

Il primo metodo di Scalping all'interno della piattaforma di Betting Exchange messa a disposizione degli utenti da Betfair è quella definita "da Punta a Banca".

Il metodo è abbastanza semplice. Si supponga di voler scommettere sulla vittoria del Bayern Monaco nel match tra i bavaresi e il Borussia Dortmund, quindi sempre nell'ambito calcistico. La vittoria del

Bayern Monaco è quotata a 1.80 e si supponga di voler scommettere, per semplificare il calcolo, 100,00 Euro. Nel momento in cui la quota scende di un solo tick, quindi a 1.79, allora è possibile bancare su questa quota per lo stesso importo, ossia 100 Euro.

Con questa strategia se il Bayern Monaco dovesse vincere l'utente otterrà il guadagno lordo di 1,00 Euro, mentre in tutti gli altri casi, ossia nel caso in cui il match termini in parità o con una vittoria del Borussia Dortmund, allora l'utente non avrà alcuna perdita. Per poter realizzare una strategia di questo genere, l'utente dovrà monitorare costantemente la piattaforma di Betfair per osservare e sfruttare a proprio favore ogni tick al ribasso.

4.2.2 – Da Banca a Punta

Lo Scalping può seguire anche un percorso inverso rispetto a quello appena descritto. Se con il metodo da Punta a Banca si sfruttano infatti i tick al ribasso, in quello da Banca a Punta si tenderà ad osservare con particolare attenzione i tick al rialzo.

Si consideri in questo esempio di voler bancare sul match Chelsea-Arsenal.

Scommettere che il Chelsea non sia vincente, ossia bancarlo, è quotato a 2.80, e si supponga di aprire una posizione scommettendo anche in questo caso 100,00 Euro. Nel momento in cui la quota subisce un tick al rialzo, passando da un valore di 2.80 a uno di 2.82, è possibile adottare una strategia di Scalping scommettendo 100,00 Euro sulla vittoria del Chelsea una volta che la quota è incrementata. Se il Chelsea pareggia o perde il match, allora l'utente otterrà un guadagno lordo di 2,00 Euro. Viceversa se il Chelsea riuscirà a sconfiggere l'Arsenal nei novanta minuti allora l'utente non registrerà alcuna perdita.

4.2.3 – Guadagno netto dallo Scalping

Per avere i reali profitti ottenuti dall'utente in una giornata di Scalping è necessario applicare le commissioni ai guadagni lordi ottenuti. Naturalmente per riuscire a raggiungere un buon guadagno, anche lordo, l'utente dovrà riuscire a chiudere perfettamente una serie molto alta di operazioni basate sull'oscillazione dei tick. Concludere una o due operazioni al giorno non avrebbe infatti senso, in quanto per raggiungere buone cifre di profitto bisognerebbe puntare e bancare importi decisamente alti.

Se si concludono cinquanta operazioni, ciascuna chiusa su variazioni al rialzo o al ribasso di due tick, allora il guadagno giornaliero lordo è di 100,00 Euro. A questo importo dovranno essere sottratte le commissioni. Queste sono rappresentate da una percentuale da applicare sul guadagno lordo, che saranno incassate dai bookmakers.

Ogni piattaforma adotta una percentuale differente, ma generalmente le commissioni si aggirano attorno al valore del 5%. Dunque ai 100,00 Euro guadagnati dovranno essere sottratti 5,00 Euro (dati dal prodotto tra i 100,00 Euro e il 5%), per un profitto netto di 95,00 Euro.

4.2.4 – Vantaggi e svantaggi dello Scalping

Lo Scalping, dunque, se applicato correttamente, garantisce una vincita quasi sicura, senza rischi, in quanto non vengono generate perdite. Le problematiche nascono nel momento in cui la strategia e la valutazione dei tick vengono attuate in maniera erronea. In quest'ultimo caso è possibile che la vincita non sia certa e che non si garantisca la presenza di un paracadute opportuno in caso di sconfitta, generando così anche perdite, che in realtà lo Scalping non prevede.

Lo Scalping inoltre richiede un dispendio energetico notevole, sia in termini di tempo che in termini di denaro. Come detto, infatti, per ottenere dei buoni risultati nel trading sportivo è necessario dedicare buona parte del giorno, per tentare di accumulare un buon profitto. Naturalmente questo tempo richiede a sua volta concentrazione e sforzo mentale, per far sì che ogni puntata e ogni bancata siano effettuate in maniera corretta e al momento opportuno, altrimenti si rischierebbe di vanificare tutto il precedente lavoro. Inoltre se la variazione in termini di tick è minima, allora l'utente sarà costretto ad incrementare anche gli importi da mettere sul piatto per riuscire ad ottenere un buon profitto giornaliero.

4.3 – Lo studio nel Betting Exchange: il Trading Prematch

L'utente può riuscire ad ottenere dei guadagni anche nei momenti che precedono l'inizio della partita, proprio nel mentre i tifosi si avviano allo stadio e iniziano ad occupare i seggiolini, i giocatori delle squadre protagoniste del match di interesse scendono dai rispettivi pullman per poi scendere in campo per svolgere il consueto riscaldamento.

Questo tipo di giocata prende il nome nell'ambito del Betting Exchange di trading prematch, ed è una delle modalità più utilizzata dagli utenti. Questo genere di scommessa si basa sempre sul tentativo di avvantaggiarsi dalle oscillazioni che subiscono le quote prima dell'inizio del match, con un'analisi che generalmente si protrae anche nella modalità Live.

In questo caso si prenda come esempio il match di calcio tra Manchester United e Manchester City, uno dei più rappresentativi derby del massimo campionato inglese e in programma alle ore 21:00.

Alle 13:30 la vittoria del Manchester City era offerta ad una quota pari a 1.90, ma data la miglior posizione in classifica dei Citizens la quota era destinata probabilmente a scendere. Per chi volesse approfondire l'andamento oscillatorio delle quote in un intervallo di tempo sarà necessario cliccare sul piccolo grafico a barre situato alla sinistra del nome della squadra sulla quale si intende scommettere. Una volta cliccato si aprirà una finestra che mostra un grafico che mette in relazione Prezzo e Volume. È importante capire quale sia la quota di partenza per intuire se la quota potrebbe subire un rialzo o un ribasso nei momenti che anticipano il match. Naturalmente le variazioni pre-match sono generalmente di pochi tick, a meno che qualche notizia influenzi la quota in maniera netta. Si tratta di eventi straordinari, come ad esempio l'infortunio durante il riscaldamento di uno dei top players che sarebbero dovuti essere protagonisti del match. In questo caso si supponga di essere quasi certi che la quota relativa alla vittoria del Manchester City sia destinata a scendere nelle ore successive alle 13:30. Seguendo questa convinzione si decide di puntare 100,00 Euro sulla vittoria dei Citizens e bancare dello stesso importo il Manchester City ad una quota di 1.85. In questo modo se la squadra ospite dovesse vincere l'utente otterrà 5,00 Euro di guadagno, dati dalla differenza di tick tra la quota di puntata e quella di bancata, mentre in caso contrario l'utente non registrerà né un guadagno né una perdita in termini di denaro.

Si supponga però che la puntata venga subito abbinata, essendo la quota di 1.90 la più alta a disposizione degli utenti, e che la bancata non trovi subito un abbinamento, essendoci quote più alte disponibili per questo evento. È però importante decidere di piazzare immediatamente questa bancata in quanto tutte le piattaforme di Betting Exchange seguono un concetto cronologico negli abbinamenti, dando così priorità a tutti gli utenti che per primi hanno effettuato la propria giocata. Inoltre bancare contemporaneamente alla puntata consente anche di evitare di trascorrere tempo infinito davanti al computer o all'applicazione di Betfair in attesa che la quota scenda al livello desiderato.

Ciò significa che se nelle ore tra le 13:30 e le 21:00 la quota scende fino al livello del banco precedentemente giocato, ossia 1.85, il trade è chiuso e si ottiene un guadagno di 5,00 Euro lordi.

È comunque bene sapere che le oscillazioni delle quote possono raggiungere anche il valore di molti tick nel giro di qualche ora. Si è assistito nella per ora breve storia del Betting Exchange a variazioni anche di 30 o

40 tick, che avrebbero comportato guadagni davvero notevoli in una singola giocata se pronosticati adeguatamente.

4.3.1 – Quali sono i vantaggi e gli svantaggi del Trading Prematch

Il principale vantaggio del Trading Prematch è quello di offrire la possibilità agli utenti di ottenere dei guadagni prima che la partita abbia inizio. Ciò che importa in questo ambito non è l'esito finale del match, bensì è pronosticare correttamente il trend delle quote nel periodo che anticipa l'inizio della partita. Si tratta dunque di una conoscenza più statistica che sportiva, anche se comunque per ottenere un'analisi corretta dal punto di vista matematico ed effettuare le opportune previsioni è importante anche conoscere approfonditamente la qualità delle squadre sulle quali si andrà a scommettere.

Un ulteriore vantaggio è che se non si riesce a trovare un abbinamento prima che l'evento abbia inizio, in quanto la quota non ha mai raggiunto il livello al quale si era deciso di bancare, è possibile che la situazione possa essere recuperata mentre il match è in svolgimento, ossia in modalità Live. Infatti la quota pre-match rimane valida anche per il periodo successivo dando così all'utente la possibilità di riuscire a trovare un guadagno in extremis.

Anche nel Trading Prematch, come in ogni altro ambito che riguarda il mondo del bet in generale e non solo del Betting Exchange, esistono degli svantaggi, di cui l'utente dovrà tenere conto nel momento in cui decide di piazzare la propria scommessa.

Il primo svantaggio è dato dal fatto che ancora il Trading Prematch non è entrato pienamente nelle attività maggiormente svolte dagli utenti. Forse a causa di una mancanza di esperienza che consenta di gestire sia i punti di forza che i punti deboli del sistema, questa modalità offre una liquidità scarsa. Questo viene tradotto in una probabilità piuttosto alta che l'utente che ha deciso di realizzare la propria strategia previsionale non veda abbinate le sue giocate, non per una scorrettezza strategica, bensì per mancanza di utenti pronti a scommettere su quel determinato evento sportivo.

Il secondo svantaggio fa invece riferimento alla bassa variazione in termini di tick delle quote. Quello precedentemente proposto è infatti un esempio e come detto talvolta si sono registrati casi di variazioni di quote davvero notevoli. Generalmente però il pre-match è caratterizzato da una variazione davvero relativa, con le quote che aumentano o diminuiscono solamente di qualche tick. Questo significa che per ottenere un guadagno abbondante l'utente è tenuto ad incrementare notevolmente gli importi da mettere nel piatto, sia nella puntata che nella bancata. In questo modo però non si fa altro che incrementare i rischi, e talvolta l'utente potrebbe incorrere in perdite di denaro anche piuttosto ingenti.

Conclusioni

Il Betting Exchange è riuscito a mutare il modo di agire e di pensare di moltissimi scommettitori, in Italia, in Europa e nel mondo. La possibilità più grande del Betting

Exchange è quella di consentire agli utenti iscritti alle varie piattaforme di mettersi nei panni del banco e di sostituirsi proprio ai bookmakers, che avranno così solamente un ruolo marginale all'interno del sistema. Tutte le transazioni avvengono in maniera diretta tra vari scommettitori, tra coloro che decidono di puntare e coloro che decidono di bancare.

Per far sì che possano essere attuate alcune strategie, come ad esempio quella dello Scalping o quella del Trading Prematch, l'utente è tenuto a vestire contemporaneamente il ruolo di Banca e il ruolo di Punta, al fine di ottenere un guadagno certo, a prescindere dall'andamento del match o dell'evento sportivo sul quale si è deciso di scommettere.

Il Betting Exchange lascia intatta la possibilità agli utenti di effettuare le proprie puntate, o bancate, anche in modalità Live, come avviene anche nel Betting tradizionale.

Ciò che però deve intuire ciascun utente è che per avere successo in questo campo è necessario applicare un grande lavoro di studio e analisi dei match, delle statistiche e delle oscillazioni, in termini di tick, delle singole quote, con una valutazione approfondita delle posizioni offerte dai bookmakers nei canali tradizionali e quelle messe a disposizioni dai vari bancatori nel Betting Exchange, in modo tale da confrontarle e capire la reale convenienza. Oltre allo studio e all'analisi di ogni elemento che potrebbe influenzare l'andamento del match e l'oscillazione delle quote, è importante accumulare una buona esperienza in questo ambito, in modo tale da affinare l'intuizione e capire con maggiore precisione quale sia il momento opportuno per poter effettuare le proprie giocate. L'esperienza è fondamentale per velocizzare tutti i processi, non avere più difficoltà a separare la punta dalla banca e entrare pienamente nella logica che guida questo mondo davvero unico.

Ciò però non deve portare ad un eccesso di confidenza. Ogni sistema di scommesse, infatti, è basato sull'investimento di un importo di denaro più o meno alto, a seconda dalla propensione al rischio di ciascun utente, il cui ritorno in forma di vincita non è assolutamente garantito. Questo significa che è importare gestire il proprio budget in maniera responsabile. La propria convinzione spinge spesso gli utenti a mettere sul piatto importi che potrebbero incidere negativamente sul loro benessere nella vita quotidiana, mettendo a repentaglio la propria stabilità economica e quella della propria famiglia. Questo è un concetto che non dovrebbe assolutamente esistere. Per evitarlo è bene mettere a disposizione un budget ben definito e considerare il restante patrimonio come inattingibile. Questo budget sarà nel tempo aumentato dalle vincite oppure eroso dalle perdite, ma quest'ultima possibilità non deve essere vista come un motivo valido per rifinanziare il budget, destabilizzando la propria economia domestica.

È anche fondamentale stabilire la percentuale massima rispetto al budget per ogni singola scommessa. Questa non deve essere mai superata, anche se si è estremamente convinti sull'andamento dell'evento sportivo o sulle future oscillazioni delle quote, in quanto qualsiasi situazione potrebbe presto modificarsi, mandando all'aria buona parte del budget.

Il mondo del bet ha causato molte problematiche nella società, mandando individui sul lastrico oppure inducendo gli stessi a reperire fondi di finanziamento sfruttando canali illeciti, insinuandosi in questo modo in situazioni ancora più gravi e drammatiche. Per evitare tutto questo è dunque importante seguire i consigli appena descritti e godersi il Betting Exchange come metodo parziale di guadagno.

www.ingramcontent.com/pod-product-compliance
Lightning Source LLC
Chambersburg PA
CBHW030714220526
45463CB00005B/2046